Made in the USA
Monee, IL
18 November 2021

82480990R00059